eスポーツはじめて事典

3 これからのeスポーツ

監修 筧 誠一郎

目　次

“eスポーツ”の これからについて

一般社団法人日本ｅスポーツ学会 理事長
東京都ｅスポーツ連合 会長
中央大学講師
筧《かけひ》 誠一郎《せいいちろう》

ここ数年で急拡大《きゅうかくだい》している日本のｅスポーツ業界ですが、この先にどのような未来が待っているのでしょうか。ｅスポーツは新時代の新しいジャンルのスポーツです。

しかしながら、デジタル上で行われているとはいえ、人と人が競《きそ》う競技《きょうぎ》であるのですから、すでにある競技ジャンルを見ることで、その未来像《みらいぞう》が見えてくるはずです。もともと日本では、日本古来の剣道《けんどう》や柔道《じゅうどう》といった武道が、いわゆるスポーツの中心でした。

そのような中、明治の終わりから大正にかけて、海外から渡来《とらい》した野球やサッカーなどが学生を中心に広がっていきました。

特に野球の人気はものすごく、学生の間で熱狂《ねっきょう》を生み出しました。一方で大人たちは、見たことも聞いたこともない新しいものに夢中《むちゅう》になる若者《わかもの》たちに眉《まゆ》をひそめ、あんなものはけしからん！　という論調《ろんちょう》が広がるほどでした。

しかし、それでも当時の学生たちはそうした逆風に負けることなく、野球を自分たちのものとしていったのです。そして学生野球の人気の高まりが、世代を問わない全国的な野球の普及《ふきゅう》につながっていきました。

また、今でこそサッカーは日本で１、２を争う人気スポーツですが、わずか30年ほど前まではそれほど人気のスポーツというわけではありませんでした。マンガ「キャプテン翼《つばさ》」の影響《えいきょう》で若《わか》い人の間ではサッカー人気が浸透《しんとう》していましたが、大人たちにまでは届《とど》いていませんでした。

それが 1993 年のＪリーグの誕生《たんじょう》とともにメディアで大きく取り上げられ、試合に足を運ぶ観客も増《ふ》え、選手も大人気となりました。それに伴《ともな》い日本全国にＪリーグの輪が広がって各地にチームも増え、今日ではそれぞれの地元を盛《も》り上《あ》げる役目を果たしています。

ｅスポーツも、野球やサッカーのように若い人たちの支持《しじ》からスタートしていますので、近い将来《しょうらい》、日本の人気スポーツのひとつになっていくと、わたしは思っています。

また、ｅスポーツは言葉の壁《かべ》、距離《きょり》の壁、年齢《ねんれい》の壁、性差《せいさ》の壁、障《しょう》がいの壁などさまざまな壁を越《こ》える、といわれています。まさにｅスポーツはデジタル技術《ぎじゅつ》によって、さまざまな壁を取《と》り払《はら》うことを可能《かのう》にした新時代を象徴《しょうちょう》するスポーツであるといえるのです。

今後、大人たちの目にも届く事例として、2022 年に中国・杭州《こうしゅう》で開催《かいさい》されるアジアオリンピック評議会《ひょうぎかい》が主催《しゅさい》する「アジア競技大会」でｅスポーツが正式種目となることをあげることができます。

さらには 2026 年のアジア競技大会は名古屋で開催されますので、今後ｅスポーツは、日本人にとっても、より身近なものとしてとらえられるでしょう。

本巻《ほんかん》ではｅスポーツに関わるさまざまな仕事の現状《げんじょう》と未来を見ることにより、その可能性《かのうせい》を探《さぐ》っていきたいと思います。

巻頭トピックス

世界のeスポーツ大会は、観客動員数も、視《し》聴《ちょう》者《しゃ》数《すう》もすごい!!

スウェーデンには、31万人も集めるeスポーツ関連のイベントがある

eスポーツの起源《きげん》に関する説明の際《さい》に取り上げげた、LAN パーティー（第 1 巻参照《かんさんしょう》）からスタートした『ドリームハック (DreamHack)』は、1994 年にわずか 20 人の参加者でスタートしたeスポーツの起源となる PC ゲームを中心としたイベントでした。しかし、毎年開催《かいさい》していくうちに、参加者が増加《ぞうか》し、2018 年には、関連イベントの参加動員数が、約 31 万人ともいわれるビッグイベントになりました。『ドリームハック』自体は、eスポーツ大会ではなく、世界最大規模《きぼ》ともいわれるゲームイベントですが、eスポーツには、これだけの人を集める魅力《みりょく》があるのだということがいえるでしょう。

大勢《おおぜい》が参加するドリームハックのイベント

『ドリームハック』のイベント参加者は年々増加傾向《ぞうかけいこう》にある。

日本でも、大規模《だいきぼ》イベントが開催《かいさい》されるようになってきた!!

2018 年 6 月に、CyberZ とエイベックス・エンタテインメントは、e スポーツイベント『RAGE 2018 Summer』を共同で開催《かいさい》しました。

RAGE は、2015 年末にスタートし、さまざまなジャンルのゲーム大会を展開《てんかい》しており、回を重ねるごとに会場の熱気も急上昇《きゅうじょうしょう》しているようです。

2018 年は、『RAGE Shadowverse Dawnbreak, Nightedge 西日本予選』や、『RAGE Shadowverse Dawnbreak, Nightedge 東日本予選』などの予選大会を経《へ》て、6 月の『RAGE 2018 Summer』が開催されましたが、予選をふくむこれらの大会の総《そう》来場者は、なんと 3 万 5 千人を突破《とっぱ》したとのことです。

また 2019 年には、毎日新聞社主催《しゅさい》で『第 1 回全国高校 e スポーツ選手権《せんしゅけん》』が開催され、全国から多くの高校生チームが参加するなど、日本の e スポーツイベントも大規模《だいきぼ》になってきています。

第1回全国高校eスポーツ選手権《せんしゅけん》の様子

2019 年 3 月に幕張《まくはり》メッセで決勝大会が開催《かいさい》され、熱戦が繰《く》り広《ひろ》げられた。

eスポーツは、ネット視聴者数《しちょうしゃすう》も圧倒的《あっとうてき》に多く、関連の職業《しょくぎょう》も生まれている!!

最近ではYouTubeでも、アーティストがコンサートの様子をライブ配信するなど、同《どう》時性《じせい》の高いコンテンツが増《ふ》えてきています。

eスポーツ大会が開催《かいさい》されれば、会場に多くのファンが足を運びますが、同時に、インターネットを通じたライブ配信の番組で、競技《きょうぎ》を視聴《しちょう》するファンも世界中に広がっています。

ネット配信にあたっては、eスポーツを専門《せんもん》に扱《あつか》う実況《じっきょう》アナウンサー（詳細《しょうさい》は第2章を参照《さんしょう》）などの盛《も》り上《あ》げ役もいて、人気のある実況アナウンサーの番組は、視聴者も多くなるようです。

2018年に行われた「リーグ・オブ・レジェンド（LoL）」の『2018 World Championship』決勝戦の視聴者数は、主催者の公式発表によれば、約9,960万人とのことで、1億人に届《とど》く勢《いきお》いです。続く2019年も大盛況《だいせいきょう》でした。

こうしたネット配信が活発になったことで、先ほどの実況アナウンサーという職業《しょくぎょう》のほか、ストリーマーという職業が誕生《たんじょう》したりもしています（ストリーマーについては第2章参照）。eスポーツが盛り上がることで、プロのeスポーツ選手はもちろん、それ以外のさまざまな職業の誕生にもつながっているのです。

2019 World Championship決勝の様子

ネットの視聴者数《しちょうしゃすう》もすごいが、会場の観戦者数もすごい。

第1章

eスポーツのプロ化の現《げん》状《じょう》

1　プロのeスポーツ選手とは

プロのスポーツ選手って、どんな人？

そもそも「プロのスポーツ選手」とは、“そのスポーツをプレーすることで、お金を稼《かせ》いでいる人”だといえます。

野球やサッカーといったプロスポーツの世界では、プロ野球球団《きゅうだん》やJリーグチームなどのプロチームに所属《しょぞく》して、そのチームから給料などをもらっている選手のことをいいます。彼《かれ》らは野球やサッカーなどの競《きょう》技《ぎ》をプレーすることで、チームから給料などの形でお金を稼いでいることになります。

このように、“プレーをすることで、お金を稼ぐ”のが、プロである、という定義《ていぎ》はeスポーツの世界にも当てはまります。

また、テニスやゴルフのように、チームに所属するのではなく、個人《こじん》で試合に出て賞金《しょうきん》を獲得《かくとく》したり、スポンサーの支援《しえん》を受けたりするなどして、プロとして活動する場合もあります。

eスポーツのプロ選手

eスポーツでも、個人《こじん》でスポンサーの支《し》援《えん》を受けていたり、賞金《しょうきん》の出る大会に出場して、好成績《こうせいせき》をおさめて賞金をもらったりするなどの方法で収入《しゅうにゅう》を得《え》ているプロのeスポーツ選手がいます。テニスやゴルフのプロ選手と同様です。

またeスポーツでも、チーム戦で行われる種目も数多くあります。そして、そうしたチームに対して、企業《きぎょう》などがスポンサーとして資金《しきん》や運営《うんえい》などに関わっているものもあります。力のあるeスポーツ選手は、このようなチームに所属《しょぞく》することで、報酬《ほうしゅう》を得《え》る場合があります。きちんと報酬を得られるチームに所属することで、プロのeスポーツ選手だということができます。

いずれにしろ、個人であれ、団体《だんたい》・チームであれ、eスポーツをプレーすることで、お金を稼《かせ》ぐ人をプロ選手だと定義《ていぎ》するならば、ここで説明したような方法で収入を得ている人たちがeスポーツのプロ選手ということになるでしょう。

けれども、その一方でこれまでeスポーツでは、プロ野球球団やJリーグチームのような統一的《とういつてき》な組織《そしき》がなかったこともあり、eスポーツに関わることでなんらかの収入を得ている選手だけでなく、たとえ収入を得られなくても、自分でプロだと宣言《せんげん》している選手も、プロ選手とみなされていました。

JeSUによって、日本でプロライセンス制度《せいど》がはじまる

2018年に設立《せつりつ》された日本eスポーツ連合（JeSU）では、関係機関との話し合いなどを経《へ》て、JeSU公認《こうにん》プロライセンスというものを発行しています。

前項《ぜんこう》では、“eスポーツのプロとは、eスポーツをプレーすることで、お金を稼《かせ》げる人”、あるいは自分で“プロ”と宣言した人と定義《ていぎ》しましたが、JeSU公認のプロライセンスの場合は、あくまでも「JeSUがプロライセンスを付与《ふよ》したかどうか」ということが基準《きじゅん》であり、eスポーツのプレーによって収入《しゅうにゅう》を得《え》ているかどうかは基準ではありません。

「JeSU公認プロライセンス規約《きやく》」では、公認プロライセンスを次のように定義しています。

JeSU公認《こうにん》プロライセンス規約《きやく》

JeSU公《こう》認《にん》プロライセンスとは、JeSUが別途《べっと》公認する大会において**当該《とうがい》大会規約に基《もと》づき好成績《こうせいせき》を収《おさ》め**、競技《きょうぎ》性《せい》、興行性《こうぎょうせい》ある大会等へ出場するゲームプレイヤーとしてプロフェッショナルであるという自覚を持ち、スポーツマンシップに則《のっと》り、国内eスポーツの発展《はってん》に寄与《きよ》し、ゲームプレイの技術《ぎじゅつ》の向上に日々精進《しょうじん》することを誓約《せいやく》する者で、**ライセンス取得《しゅとく》に相応《ふさわ》しいと判断《はんだん》された者**に対して、本規約2における**種別に応《おう》じて発行されるもの**をいう。

つまり、JeSUの公認する大会で好成績《こうせいせき》をおさめ、JeSUがプロライセンスを発行するにふさわしい選手(チーム)だと認《みと》めた場合に、プロライセンスが発行されるのです。

プロスポーツの世界においては、それぞれのスポーツ(野球・サッカー・ゴルフ・テニスなど)ごとに、統一的《とういつてき》な機関・団体《だんたい》などが存在《そんざい》しています。

ところがeスポーツは、ここ最近、急速に人気が出てきたスポーツであるため、プロの定義などもいろいろでした。

しかし、JeSUが統一的な団体として活動するようになり、公認プロライセンスを発行するようになったことで、今後は統一的なプロの定義が浸透《しんとう》していくことでしょう。そして、プロeスポーツの世界も、プロ野球やプロサッカー、プロテニスなどと同じように発展《はってん》していくことが期待されています。

ジャパン・eスポーツ・プロライセンス

※原則《げんそく》、満15歳《さい》以上

ジャパン・eスポーツ・ジュニアライセンス

※原則、13歳以上15歳以下

ジャパン・eスポーツ・チームライセンス

※原則、法人であること

2 ただ“好きだから”というだけでは、プロにはなれない

プロeスポーツプレーヤー
ノビさん

ノビ

1991年生まれ。東京都出身。プロのeスポーツ選手であり、日本最強ともいわれる「鉄拳《てっけん》」のトッププレーヤー。世界的な鉄拳の大会である『MASTERCUP』で、3連覇《れんぱ》の記録をもつ。選手として活躍《かつやく》すると同時に、インストラクターとして指導《しどう》も行っている。

1 コンピューター対戦には自信があったのに、大人に挑戦《ちょうせん》したらボコボコにされたことで、のめり込《こ》んだ!!

わたし自身の子ども時代は、どちらかというとワンパク坊主《ぼうず》で、外を飛び回って遊ぶタイプでしたね。ただ、小学校低学年の時から、週末になると親がゲームセンターに連れて行ってくれるので、そこでアーケードゲームで遊ぶ楽しさも覚えました。

その後、学校の友だちとも、家庭用ゲームで一緒《いっしょ》に遊ぶようになりましたが、当時はゲームにのめり込《こ》むということはあまりなく、どちらかというと友だちとのコミュニケーション・ツールみたいなものでした。一緒にゲームをしていれば楽しかったし、ゲームの話題で盛《も》り上《あ》がることもありました。

実は、アーケードゲームの「鉄拳《てっけん》」との出合いは、中学3年生の時でした。当時、高校受験を控《ひか》えて塾《じゅく》通いをしていたのですが、ある時、塾をさぼってゲームセンターに行ったら、たまたま「鉄拳」の大会が行われていました。そこではじめて「鉄拳」を見たんですが、そのゲームのリアルさに圧倒《あっとう》されて、とても感動したことを今でも覚えています。

どうしてもやってみたくて、実際《じっさい》にやってみました。最初はコンピューターとの対戦だったのですが、結構《けっこう》勝てちゃって(笑)、これはイケる! と思って、大人との対戦に挑戦《ちょうせん》しました。ところが全然勝てない。ボコボコにされてしまうんです(笑)。それが悔《くや》しくて悔しくて、もともと負《ま》けず嫌《ぎら》いの性格《せいかく》だったこともあり、そこから「鉄拳」にのめり込むようになりました。

「鉄拳《てっけん》」は数ある格闘《かくとう》ゲームの中でも難《むずか》しいほうだ。(『EVO2019』に出場した時のノビ選手)

2　地元でのナンバー1では満足できず、日本一、世界一を目指すようになった

時々、塾《じゅく》をさぼって、こっそりゲームセンターに行ったりはしていたのですが、勉強は勉強できちんとやっていましたから、なんとか第一志望《しぼう》の高校に合格できました。高校ではサッカー部に入っていましたが、「鉄拳《てっけん》」もやり続けていました。

自分でいうのもなんですが、わりと研究熱心なタイプなので、どうやれば勝てるか、みたいなことをいつも考えていて、ちょっと思いついたことは実際《じっさい》にゲームで試してみて、ということを繰《く》り返《かえ》しているうちに、いつの間にか地元のゲームセンターでは無敵《むてき》になっていました（笑）。

そして、新宿のあるゲームセンターが「鉄拳」の聖地《せいち》といわれ、全国から強いプレーヤーが集まるということを知って、そこへ遠征《えんせい》するようになりました。ところが、その聖地では、わたしなんかはヘタクソ扱《あつか》いです。順位でいえば最下位くらいです。その悔《くや》しさをバネにして、もっともっと「鉄拳」で強くなりたい、日本一、いや世界一になりたい、と思うようになりました。

ただ強くても、
プロとしては
やっていけない。

3 2011年、『WCG2011』で優勝《ゆうしょう》し世界一になったのに、仕事は増《ふ》えなかった

日本ではまだまだ「eスポーツ」という言葉が浸透《しんとう》していなかった2011年に、『WCG（World Cyber Games）2011』の「鉄拳《てっけん》6」部門で優勝《ゆうしょう》し、世界一になることができました。でも、世界一という成績《せいせき》をおさめても、eスポーツに関する仕事の依頼《いらい》は2～3件《けん》しか来なかったんです。その時は、eスポーツで世界一になっても稼《かせ》げないんだと思いましたね。

でも、その後に、「鉄拳」のメーカーであるナムコさんから、“「鉄拳」のインストラクターをやらないか”とのお話をいただいて、お受けしました。そして、インストラクターの仕事をしながら、大会に参加するなどの活動をしていましたが、2015年に企業《きぎょう》から、プロゲーマーとしてスポンサーになっていただけるというお話があり、このころから、名実ともにプロのeスポーツプレーヤーになれたと思っています。

おかげさまで、このころから、賞金収入《しょうきんしゅうにゅう》とスポンサー収入で、生活に困《こま》らないぐらいにはなりましたね。

このころから、eスポーツが知られるようになり、わたしもプレーヤーとして大会などに出場することはもちろん、インストラクターとしての仕事や、eスポーツ関連イベントの企画《きかく》・運営《うんえい》、試合の実況中継《じっきょうちゅうけい》や解説《かいせつ》などの仕事もやるようになりました。

4 将来《しょうらい》的には、eスポーツの世界も、Jリーグみたいなシステムになるのではないか

eスポーツは、わたしが想像《そうぞう》もしなかったくらい、ここ最近、急速に広がっていると実感しています。わたしが子どものころは、eスポーツが今ほど広がっていなかったので、ゲームに強くてもヒーローにはなれませんでした。でも今の子どもたちには、ゲームに強いことは、“勉強ができる”、“かけっこが速い”のと同じくらいに、ヒーローになれる特技《とくぎ》といえますよね。そういう意味では、わたしが子どものころより恵《めぐ》まれていると思います。

当然、プロのeスポーツ選手にあこがれる小学生・中学生も増《ふ》えると思います。ただ、もしプロを目指すなら、「(ゲームで)強くなってどうするんだ」ということを考えてほしいと思います。わたし自身、世界一になっても、それほど仕事に結びつかなかった経験《けいけん》をしています。

「強くなって、世界一になる」と決めたら、ゲームに強くなるだけじゃなく、英語を身に付ける必要がある、ということに気づくでしょう。あるいは、「強くなって、eスポーツをもっと多くの人に伝える」という目標をもったら、その楽しさを人に伝える能力《のうりょく》か必要だと気づくでしょう。

すでにお話した通り、わたしも、プロ選手として大会に出場するほかに、実況《じっきょう》や解《かい》説《せつ》の仕事をしたり、イベントの企画《きかく》・運営《うんえい》をしたりしますが、そのために必要な能力を身に付ける努力はずっとしていました。

今、eスポーツがこれだけ盛《も》り上《あ》がっていて、将来的《しょうらいてき》にはJリーグのようにシーズン制《せい》で戦うようなシステムができ上がって、大勢《おおぜい》のプロが試合に出るだけで職業《しょくぎょう》として成り立つ時代がくることでしょう。

しかし、そうなるまでは、ただゲームに強いだけのプロではダメなんです。

「好きだ」「面白い」というだけでゲームをやり続けても、それでプロになれるわけではないのです。プロになるためには、ゲーム以外のいろいろなことを学ぶことも重要です。今、学校の勉強をおろそかにしていては、プロになることなんて難《むずか》しいのだということも知っておいてほしいですね。

企業《きぎょう》がスポンサーについてくれるようになって、収入《しゅうにゅう》も安定した。

3 ゲームの強さとは違《ちが》うところで、プロとしてできることがある

プロeスポーツプレーヤー
チョコブランカさん

チョコブランカ

1986年生まれ。兵庫県出身。大学卒業後に自動車ディーラーで営業《えいぎょう》の仕事についた後、退職《たいしょく》してeスポーツの世界へ。2011年に海外のeスポーツチームと契約《けいやく》し、プロとしての活動を本格化。現在《げんざい》は、株《かぶ》式会社《しきがいしゃ》忍《シノビズム》ismの取締役《とりしまりやく》もつとめ、選手の育成にも取り組んでいる。

1 子どものころは家庭用ゲーム機で遊ぶのがほとんど アーケードデビューは大学生になってから

テレビゲーム自体はとても身近で、幼稚《ようち》園《えん》に入園する前からやっていました。小さいころ、よく遊んだのはスーパーマリオブラザーズですね。いわゆる家庭用ゲーム機を使って、家でゲームをやったり、友だちと携帯型《けいたいがた》のゲーム機で遊んだりといった感じです。

ただ、わたし自身はそれほどゲームにのめり込《こ》んだというイメージはもってないのですが、でもまわりの子どもたちと比《くら》べたら、かなりのめり込んでいたほうかもしれません。わが家では“ゲームは1日1時間”と決められていたのですが、部屋でこっそり携帯型のゲーム機で遊んで、親に叱《しか》られたりはしていました（笑）。

近所にゲームセンターのようなところがなかったので、小学校から高校にかけて、ゲームセンターへ行ったことがありませんでした。

はじめて行ったのは、大学3年生の時です。そこではじめて「ストリートファイター」に出合って、はまっていったという感じですね。

わたしがゲームセンターで「ストリートファイター」をやるようになったころは、もう対戦型が主流でした。ゲームセンターではじめて会った人と対戦する、ということがとても新鮮《しんせん》でしたし、コミュニティが広がっていくのが楽しかったですね。もちろん、対戦ゲームですから、勝てばうれしいですけど、それ以上に、いろいろな世代・いろいろな職業《しょくぎょう》の人たちと対戦できることがとってもうれしかったですね。

ラスベガスで開催《かいさい》された『EVO2017』の会場で、海外の選手と交流。

2　大学卒業後、就職《しゅうしょく》したものの、ゲームの世界を優先《ゆうせん》したくて、会社を退職《たいしょく》

大学を卒業して、自動車ディーラーの営《えい》業《ぎょう》の仕事につきました。ゲームも好きでしたが、クルマも好きだったので、自動車関係の仕事についたのも、ある意味では「好き」を仕事にした感じでしたね（笑）。

もちろん、ゲームセンターにも通いつめていて、会社の仕事が終わったら、ゲームセンターに行って、夜遅《おそ》くまでゲームをやり、その後に家に帰ってちょっと寝《ね》て、すぐにまた会社へ行く、という生活でした。さすがに、こんな生活はいけないと考えて、仕事をやめて、ゲーム一本でやっていこうと決めたんです。親には叱《しか》られましたけど（笑）。

もちろん、その時点でプロのｅスポーツプレーヤーになったわけではないです。ただ、自分でプレーすることもそうですが、ゲーム大会をプロデュースしたり、運《うん》営《えい》したりということにとても興《きょう》味《み》があって、そうしたことをずっとやっていきたいと思っていました。

今は、ゲーミングチームの
育成にも、力を入れています。

3 海外のプロeスポーツチームからのスカウトがきっかけで、プロの道へ

もちろん、「ストリートファイター」をプレーすることは好きで、ある程度《ていど》は強くなったと思いますが、でも周りにはもっと強い人がいるし、自分としては選手としてトップを目指すというよりも、だれかがｅスポーツの世界で輝《かがや》くのをサポートしたいとか、そういう場（大会など）をプロデュースすることにやりがいを感じていたので、そういう方向に進めたらいいな、とは思っていました。

そんなころに、海外のプロのｅスポーツチームから契約《けいやく》のお話があったんです。その時、チームのオーナーに「わたしは決して強くない」といったのですが、そのオーナーが、「君には、ゲームの強さではない部分で、プロとしてできることがあるので、それをやってほしい」といわれたんです。その言葉で、とてもやる気が出て、そのチームと契約することにしました。

その後はプロとして活動することになりました。活動内容としては、海外のｅスポーツ大会に参加することはもちろん、現地《げんち》の選手やファンの人たちと交流してｅスポーツのコミュニティを広げたり、スポンサーの商品の宣伝《せんでん》をやったりするようになりました。

わたしは、先ほどもいったように“ゲームで強くなって、トップを目指す”タイプではなく、世界のトップになれるプロを育成したり、サポートしたり、あるいはｅスポーツそのものの普及《ふきゅう》に役立つようなことをするのが中心です。

逆に、わたしの夫「ももち」は、「ストリートファイター」のプレーヤーとしては、世界大会で優勝《ゆうしょう》するなど、まさに“強さでトップを目指す”プロです。

強さでトップを目指すことでｅスポーツに貢献《こうけん》する夫と、強さではない部分でｅスポーツの普及などに取り組むわたしの二《に》人三脚《にんさんきゃく》で、ｅスポーツの発展《はってん》や、これからの選手の育成なんかができたらいいな、と思っています。

4 「ストリートファイター」を通じて、世界中に友だちの輪が広がった

わたしが海外のプロチームと最初に契約《けいやく》したのは、2011 年のことです。プロになったことで、海外の大会に行く機会はとても増《ふ》えましたね。世界中を転戦して、各国の格闘《かくとう》ゲームプレーヤーと友だちになって、その海外の友だちと気軽にオンラインで対戦したりしています。また、海外に行く時には、「今度そっちに行くから、一緒《いっしょ》にご飯食べよう」みたいに気軽なつきあいができる友だちが増えました。

プロの e スポーツ選手になったことで、それまでにはできなかった新しい経験《けいけん》をたくさんすることができましたし、それが自分自身の成長につながっています。

5 e スポーツを通じた「教育」によって、“人を育てる”仕事がしたい

必ずしも、e スポーツのプロを目指さなくても、e スポーツというものを切り口にして、いろいろな経験《けいけん》をすることができると思っています。海外の大きな大会に出場することもそうです。勝つことを目標にしていても、勝ち負けだけでなく、いろいろな人との出会いや経験が人間的な成長につながることは間違《まちが》いないと思います。

いま、夫と一緒《いっしょ》にやっている 忍 ism《シノビズム》という会社で、e スポーツ選手を育てる育成企画《きかく》に取り組んでいます（詳《くわ》しい活動内容は 20 ページのコラム参照《さんしょう》）。もともとは 20 歳《さい》未満の子どもたちを支援《しえん》するプロジェクトでスタートし、現在《げんざい》は 10 名を超《こ》えるゲーミングチームになっています。このチームに世界で活躍《かつやく》してもらうことが、今現在のわたしの“夢《ゆめ》”のひとつです。

格闘《かくとう》ゲーム用の“アケコン”は必要なアイテム

eスポーツ選手を育てる忍ism《シノビズム》

2015 年に、プロ e スポーツプレーヤーである「ももち」選手と、日本人女性《じょせい》初のプロ e スポーツプレーヤーである「チョコブランカ」選手が設立《せつりつ》した 忍 ism《シノビズム》は、プロゲーミングチームの育成・運営《うんえい》と、e スポーツ大会や関連イベントなどの企画《きかく》・運営を、事業の 2 本柱として活動しています。

プロゲーミングチームの育成・運営については、もともとは e スポーツプレーヤーの育成企画としてスタートしたものだといいます。

e スポーツプレーヤーを目指す 20 歳《さい》以下の人たちの中から、忍 ism がスカウトした人材たちに、ゲーミングの技術《ぎじゅつ》などを指導《しどう》することはもちろん、海外の e スポーツ大会を体験させるなどして、やがては、世界に通用する e スポーツプレーヤーを育成しようというものです。

当初は、中学生など 3 名をスカウトしてはじめたプロジェクトでしたが、現在《げんざい》では 13 名が在籍《ざいせき》し、日々、ゲーミング技術を磨《みが》いているそうです。

URL：https://shinobism.com/

第 2 章

eスポーツを仕事にする

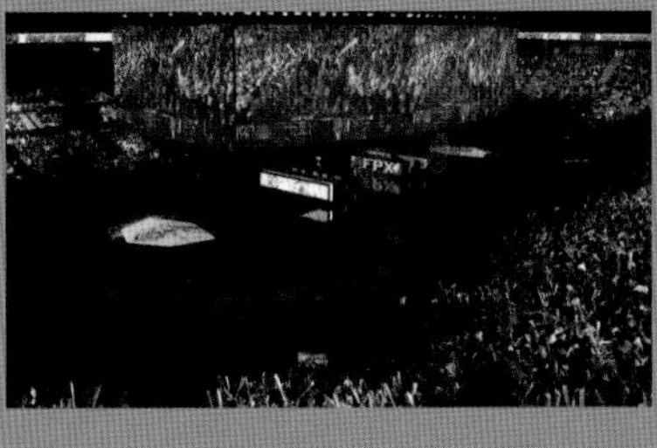

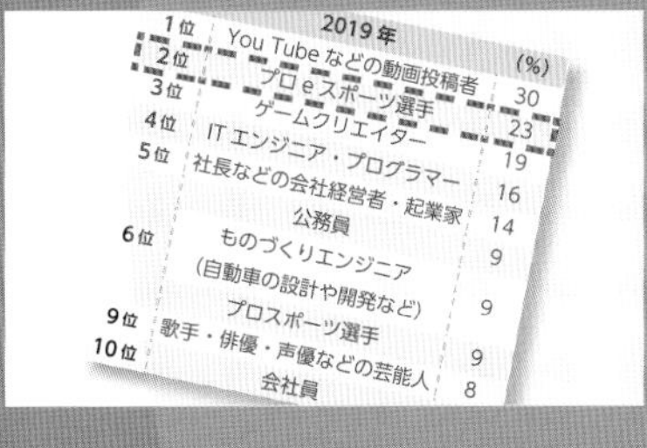

2019年

(%)

1位 You Tubeなどの動画投稿者 30

2位 プロeスポーツ選手 23

3位 ゲームクリエイター

4位 ITエンジニア・プログラマー 19

5位 社長などの会社経営者・起業家 16

公務員 14

6位 ものづくりエンジニア

(自動車の設計や開発など) 9

プロスポーツ選手 9

9位 歌手・俳優・声優などの芸能人 9

10位 会社員 8

1 プロ選手だけじゃない、eスポーツの仕事

なりたい職業《しょくぎょう》は、“eスポーツ選手”

日本は、アメリカやヨーロッパ諸国《しょこく》に比《くら》べると、まだまだｅスポーツが根付いていないといわれています。しかし最近では、世界的な規模《きぼ》の大会が日本でも開催《かいさい》されたり、国体で、正式種目ではありませんが、文化プログラムとして採用《さいよう》され、大勢《おおぜい》の参加者・観戦者を集めるなど、確実《かくじつ》に競技《きょうぎ》人口も、そしてファンも増《ふ》えています。

第１章でも触《ふ》れたように、JeSU という団体《だんたい》が日本ではプロライセンスの発行などを行っています。ｅスポーツのチーム運営《うんえい》は、海外同様に企業《きぎょう》などがスポンサーとなって行っています。

こうした団体や企業などのがんばりによって、ｅスポーツ選手が、プロフェッショナルとして活動できる環境《かんきょう》が少しずつではありますが、整ってきています。

男子中学生を対象《たいしょう》とした、将来《しょうらい》なりたいと思う職業《しょくぎょう》に関するアンケートによれば、2017年までは10位の中に入っていなかった「ｅスポーツ選手」の人気が、２年後の2019年には急上昇《きゅうじょうしょう》して第２位になっています。

なりたい職業《しょくぎょう》ランキング（男子中学生）

わずか２年で「プロｅスポーツ選手」が第２位にランクインした。

	2017年	(%)
1位	IT エンジニア・プログラマー	24
2位	ゲームクリエイター	20
3位	YouTuber などの動画投稿者	17
4位	プロスポーツ選手	16
5位	ものづくりエンジニア（自動車の設計や開発など）	13
6位	公務員	11
7位	学者・研究者	10
	社長などの会社経営者・起業家	10
9位	教師・教員	9
	医師	9

	2019年	(%)
1位	YouTuber などの動画投稿者	30
2位	プロｅスポーツ選手	23
3位	ゲームクリエイター	19
4位	IT エンジニア・プログラマー	16
5位	社長などの会社経営者・起業家	14
6位	公務員	9
	ものづくりエンジニア（自動車の設計や開発など）	9
	プロスポーツ選手	9
9位	歌手・俳優・声優などの芸能人	8
10位	会社員	7

出典：「中高生が思い描く将来についての意識調査 2019」ソニー生命調べ

プロスポーツに関連する仕事はいろいろある

eスポーツに限《かぎ》ったことではありませんが、プロスポーツの世界は、選手だけで成り立っているわけではありません。また、第一線で活躍《かつやく》する選手も、いきなりプロ選手になるわけではなく、一所懸命《いっしょけんめい》練習したり、試合をいくつも経験《けいけん》するなどしてプロになるのです。

そうした選手を支《ささ》えるコーチやインストラクター、チーム競技《きょうぎ》であれば、監督《かんとく》などをはじめとする大勢《おおぜい》のスタッフが必要になります。

また試合を実施《じっし》するにあたっては、会場の手配からはじまって、観客を呼《よ》ぶための活動や、イベント当日の運営《うんえい》をするスタッフなども必要です。

プロ野球やプロサッカーなどを見ればわかるように、選手として活躍した人たちが、引退後《いんたいご》に指導《しどう》する側で活躍したり、解《かい》説者《せつしゃ》として活躍するといったこともあります。

このように、プロスポーツの世界は、多種多様な仕事を担《にな》う人たちで成り立っているのです。

野球が好きだから、将来《しょうらい》は野球選手になりたい。サッカーが好きだから、サッカー選手になりたい。その他、テニス、バスケットボールをはじめさまざまなスポーツがプロ化されており、自分の好きなスポーツで、プロ選手として活躍できる可能性《かのうせい》は広がっています。

しかし一方で競争の厳《きび》しい世界でもあり、希望すればプロ選手になれるというものでもないことは、だれもがわかっていることでしょう。

それでも、“野球が好きだ”“サッカーが好きだ”という人は、そのスポーツに関わる仕事につくことで、自分の好きなスポーツに携《たずさ》わることは可能です。

eスポーツの世界でも、すでに日本人プロ選手が多数誕生《たんじょう》していて、世界的な規模《きぼ》の大会で活躍しているプロeスポーツ選手もいます。

そうしたプロeスポーツ選手を支えるいろいろな仕事が生まれています。また、その活躍の場となる大会やイベントなどを企画《きかく》・運営する仕事や、そのイベントを実《じっ》況中継《きょうちゅうけい》する仕事なども登場しました。

さらに、eスポーツに関係する仕事ということでいえば、ゲームを制作《せいさく》する側、つまりゲームプログラマーやゲームプランナーなどもあります。

このように、“大好きなeスポーツの仕事がしたい”ということであれば、選手以外にもたくさんの仕事があるのです。

ここでは、プロeスポーツ選手以外のさまざまなeスポーツ関連の仕事について見ていくことにしましょう。

2 指導者《しどうしゃ》（インストラクター、スクール講師《こうし》など）

eスポーツ選手を育てるスクール講師《こうし》

近年、日本でも専門《せんもん》学校などでは、eスポーツのプロ選手になるためのコース設定《せってい》をする学校が増《ふ》えてきています。とはいっても、まだまだ全体の定員数はそれほど多くはないので、コースによっては、募集《ぼしゅう》がはじまるとすぐに定員枠《ていいんわく》をオーバーしてしまうような人気のコースもあるようです。

今後も、eスポーツはますます人気が高まり、それにより、より多くの専門学校などでeスポーツに関連するコースなどが設定されていくことでしょう。

そうなれば、当然、指導《しどう》するスタッフが必要になってきます。それがスクール講師《こうし》です。

eスポーツに関する専門のコースなどを設定している専門学校の多くは、プロeスポーツ選手を目指すためのコースだけでなく、ゲームプログラマーなどを目指すためのコースや、eスポーツイベントなどの動画配信を行うことを仕事にするストリーマーを目指すコースや、eスポーツ大会などの実況《じっきょう》をするアナウンサーを目指すコースなど、eスポーツ関連のいろいろな仕事を目指せるようになっています。

つまり、こうした分野について経験《けいけん》と実《じっ》績《せき》を積むことで、スクール講師として活躍《かつやく》することも可能《かのう》になってきています。

eスポーツ選手を強くする監督《かんとく》・コーチ

プロeスポーツ選手を指導《しどう》する監督《かんとく》・コーチといった役割《やくわり》も重要性《じゅうようせい》を増《ま》しています。

プロeスポーツ選手である以上、試合に勝つことが目標であり、勝つためには、単にそのゲームタイトルが上手だというだけではなく、対戦相手のことを考えて、相手に合わせた戦い方を組み立てたりするなどの戦略《せんりゃく》が必要になることもあります。もちろん、技術的《ぎじゅつてき》なレベルアップも必要です。

このように、eスポーツ選手として、プレー技術だけではない、さまざまなかけひきや戦術などを身に付けるためには、経験《けいけん》豊富《ほうふ》な監督やコーチといった指導者は不可欠であり、プロeスポーツ選手が増《ふ》えるに伴《ともな》って、監督やコーチの必要性も高まってきています。

もっとも、監督やコーチといった仕事につくためには、豊富な実戦経験が不可欠ですから、何かの勉強をすればなれるというものではなく、やはりeスポーツ選手として活動していた人が、選手としては第一線を退《しりぞ》いた後、指導する側にまわるということが多いようです。

eスポーツ選手の心と体を支《ささ》えるトレーナー

スポーツの世界では、監督《かんとく》やコーチ、インストラクターといった指導《しどう》の役割《やくわり》を担《にな》う人々が、選手に技術《ぎじゅつ》や戦い方などを教えます。さらに、トレーナーという、主に選手の身体的な部分を支援《しえん》する役割の仕事があります。

いわゆるフィジカルなプロスポーツの世界では、選手たちは極限《きょくげん》まで自分の身体能《のう》力《りょく》を高めるべく、厳《きび》しい練習をします。そんな中で筋肉《きんにく》を傷《いた》めたり、骨《ほね》を折ってしまったりなどのケガを防《ふせ》ぐためにも、身体の状態《じょうたい》を管理したり、マッサージなどで手当をしたりすることが必要になるのです。

eスポーツは、そうしたフィジカルスポーツではないので、身体能力はそれほど必要ないと思われがちですが、実際《じっさい》にはそうでもありません。

使用するゲームタイトルによっては、何時間もかけて対戦するものもありますし、集中力を維持《いじ》し続ける上でも体力が重要なのです。現《げん》に、プロのeスポーツ選手の中には、定期的にスポーツジムに通って、体力増強《ぞうきょう》に努めている選手も少なくありません。

ですから、フィジカルスポーツの選手同様に、eスポーツ選手にも、トレーナーが必要とされることが増《ふ》えてきています。

トレーナーは、体の構造《こうぞう》や筋肉の働きや、疲労《ひろう》の原因《げんいん》などについての専門的《せんもんてき》な知識《ちしき》をもち、指圧《しあつ》やマッサージなどの施術《せじゅつ》に関する技能が必要とされます。

基本的《きほんてき》には、フィジカルスポーツのトレーナーと同様の仕事をします。また、eスポーツ選手は長時間にわたってディスプレイを見続けることから視神経《ししんけい》が疲労したり、同じ姿勢《しせい》を長く続けることにより、首や肩《かた》、腰《こし》などが凝《こ》ってしまうことが多く、eスポーツのトレーナーには、そうしたeスポーツの特性《とくせい》なども理解《りかい》していることも求められます。

■近年では、eスポーツ向けトレーナーの必要性が高まってきた

eスポーツのゲーム中は、長い時間、同じ姿勢《しせい》で、画面を見ながらコントローラーを操作《そうさ》するため、目や首、肩《かた》、腰《こし》に負《ふ》担《たん》がかかる。

3 eスポーツを盛《も》り上《あ》げる仕事

実況《じっきょう》アナウンサー

ｅスポーツ自体は、通信環境《かんきょう》などが整っていれば、離《はな》れた場所にいる選手同士が対戦することもできます。しかし、大きなイベントでは、同じ会場内で選手同士が直接《ちょくせつ》対戦するというスタイルのものも少なくありません。

その会場には、観客が入れられ、巨大《きょだい》スクリーンで対戦の様子がリアルタイムで映《うつ》し出《だ》されます。

実況《じっきょう》アナウンサーとは、このようなイベントで、対戦の様子を実況中継《ちゅうけい》する仕事です。プロ野球放送の実況中継や、プロサッカーの試合の実況中継などと同じです。

ｅスポーツには、ｅスポーツ特有の見どころなどがありますので、そういうポイントをしっかりとわかった上で、臨場感《りんじょうかん》あふれる実況中継ができるかどうかが、ｅスポーツ実況アナウンサーの腕《うで》の見せどころとなるのです。

実況アナウンサーに求められる能力《のうりょく》としては、アナウンサーとしての基本的《きほんてき》な発声・発音などの技能《ぎのう》と、ｅスポーツについての知識《ちしき》が挙げられます。

以前は、一部の熱狂的《ねっきょうてき》なファンが中心だったｅスポーツですが、多くの人が注目するようになってきた昨今では、あまりｅスポーツに詳《くわ》しくない視聴者《しちょうしゃ》も増《ふ》えてきています。

このためｅスポーツについての専門的《せんもんてき》な知識をきちんと身に付けた上で、必ずしもマニアなどに向けた専門的な解説《かいせつ》ばかりではなく、初心者向けのわかりやすい解説ができる能力も、これからは必要になってくるでしょう。

今後ますますｅスポーツの人気が高まるかどうかは、そうした初心者ファンをどれだけ集められるかにかかっています。

そのため、初心者もマニアなファンも、ともに満足させ、ｅスポーツイベントを盛《も》り上《あ》げることのできる実況アナウンサーは、今後ますます求められる職業《しょくぎょう》といえるでしょう。

ストリーマー

ちょっと聞きなれない職業《しょくぎょう》かもしれません。「ストリーマー」とは、“ストリーミングをする人”ということです。

ストリーミングとは、インターネットなどを通じて、動画データや音声データなどを配信する方法のことをいいます。これまでは、ネット上の動画を再生《さいせい》するには、動画データを全部、パソコンにダウンロードしてから、その後で再生するのが一般的《いっぱんてき》でした。ただし、この方法の場合、ダウンロードが終わるまで動画を再生できず、時間がかかってしまいます。しかし、ストリーミングは、動画データを取《と》り込《こ》むと同時に再生するので、基本的《きほんてき》にダウンロードの待ち時間が大幅《おおはば》に短縮《たんしゅく》されるというメリットがあります。

eスポーツのストリーマーとは、ストリーミングによってeスポーツの対戦の様子をネット配信して、視聴者《しちょうしゃ》に届《とど》けることを仕事にしている職業です。配信は、ライブ中継《ちゅうけい》のこともあれば、録画されたものを配信する場合もあります。

ユーチューブ（YouTube）やツイッチ（Twitch）などの動画配信サービスに、自分のチャンネルを開設《かいせつ》して、eスポーツの試合を配信することを基本としながら、中には、その試合の実況《じっきょう》を自分でやるストリーマーも登場しています。先に紹介《しょうかい》した「実況アナウンサー」をかねているのです。

また、単に試合の実況ということではなく、自分なりに解説《かいせつ》などを加えることで、より面白《おもしろ》い番組づくりをして、ファンを獲《かく》得《とく》しているストリーマーもいます。

中には、他人の試合を実況中継するのではなく、自分でゲームをやりながら、そのゲームタイトルの攻略法《こうりゃくほう》などを解説する人もいて、高い人気を誇《ほこ》るストリーマーも大《おお》勢《ぜい》いるようです。

なお、ゲームの画面などは、そのゲームを作ったメーカーが著作権《ちょさくけん》をもっているため、ネットで配信したりするためには、原《げん》則《そく》として著作権者（メーカーなど）の許諾《きょだく》が必要です。またeスポーツ大会などの実況中継にあたっても、主催者《しゅさいしゃ》などの許諾が必要になります。

しかし、人気のあるストリーマーなどは、視聴するファンが大勢いることなどから、ゲームメーカーが依頼《いらい》して、実況中継などをしてもらうということもあるようです。

eスポーツのイベントなどをストリーマーが生中継《なまちゅうけい》することも

eスポーツの大会がパブリックビューイングされることも増《ふ》え、ストリーマーによる実況中継《じっきょうちゅうけい》も増えるだろう。

4 その他のeスポーツ関連の仕事

イベントプランナー／運営者《うんえいしゃ》

eスポーツの大会をはじめとして、いろいろなイベントを企画《きかく》するイベントプランナーや、イベントプランナーが企画したイベントを実際《じっさい》に開催《かいさい》・運営《うんえい》するイベント運営者といった職業《しょくぎょう》もあります。イベントプランナーあるいはイベント運営者が、イベントの企画から開催・運営までをトータルで実施《じっし》することもあります。

具体的には、どのゲームタイトルを使って、どんなイベントを実施するのかを考え、開催時期や使用会場、参加者(選手)の募集《ぼしゅう》、さらに公開イベントの場合は、イベントを告知《こくち》して観客を集めるまでの一連の作業などもイベントプランナー・運営者の仕事になります。

ゲーム開発会社や販売《はんばい》会社が、こうしたイベントを実施することもありますし、最近では全国に登場しはじめているeスポーツ専用《せんよう》施設《しせつ》が企画して実施するイベントなどもあります。

多くの場合は、そうしたイベントを主催するゲーム会社や施設のスタッフが企画や運営を行いますが、イベントの企画・運営を専門《せんもん》に扱《あつか》う会社もあります。

イベントを実施するにあたっては、事前の準備《じゅんび》がとても大変ですが、イベント当日も大変な苦労が伴《ともな》うようです。

イベント当日の段取《だんど》りを決めて、その進行を管理するわけですが、万が一、何かのトラブルが発生した場合の対処《たいしょ》方法などもあらかじめ考えておく必要がありますし、その作業内容《ないよう》はとてもたくさんで複雑《ふくざつ》なものになります。

もちろん、トラブル発生時の対応《たいおう》を考えるだけでなく、観客に喜《よろこ》んでもらうために、どのような演出《えんしゅつ》をするのか、イベントそのものを盛《も》り上《あ》げるために、どんな仕《し》掛《か》けを用意するのかなども考え、実行しなくてはなりません。開催時期や会場を決めて、参加者や観客を集めればいいというものではないのです。

eスポーツのイベントは、競技《きょうぎ》大会だけではありません。プロeスポーツ選手との交流会や、プロを目指す人たちに向けたeスポーツを教える講習会《こうしゅうかい》イベントなどアイデアひとつで、いろいろなイベントを開催することができます。そうしたアイデアを考えて実施することも、まさにイベントプランナー・運営者の仕事です。

eスポーツライター

もともと「スポーツライター」という職《しょく》業《ぎょう》は以前からありました。多くのスポーツライターは、野球やサッカー、テニスなど、特定のジャンルのスポーツについての専門《せんもん》性《せい》をもって、新聞や雑誌《ざっし》などの記事を書いたり、本の原稿《げんこう》を書いたりするのが仕事です。

記事を書く際《さい》には、イベントそのものを実際に取材したり、選手に話を聞くなどして、内容《ないよう》をまとめることになります。

そのスポーツライターのｅスポーツ版《ばん》が、「ｅスポーツライター」です。

サッカーの試合などを取材して、場合によっては選手にインタビューなどをして記事を書く場合は、サッカーについて熟知《じゅくち》していることはもちろん、インタビューする選手についても、経歴《けいれき》や戦績《せんせき》などをきちんと事前に調べた上で、取材・インタビューに臨《のぞ》み、記事をまとめるということが必要です。

ただ文章を書ければライターになれるというものではなく、取材術《しゅざいじゅつ》・インタビューのコツなどをきちんと身に付けなければ、読者の興味《きょうみ》を引くような記事は書けないのです。

ｅスポーツの場合も、いろいろな種類のゲームタイトルがあるので、今後は、自分の得意《とくい》分野（得意なゲームタイトル）を決めて、ｅスポーツライターとして専門性を深めることが求められることでしょう。

また、ゲームを専門に扱《あつか》うゲームライターという職業も以前からあり、もともとゲームライターだった人が、その専門性を生かしてｅスポーツライターとしても活《かつ》躍《やく》するということも今後は増《ふ》えていくことでしょう。

■eスポーツライターには、eスポーツの専門知識《せんもんちしき》が求められる

ここ数年で、爆《ばく》発《はつ》的《てき》に増《ふ》えた専《せん》門《もん》学校のeスポーツコース

専門《せんもん》学校も、大学も、eスポーツを取り上げる学校が増《ぞう》加《か》傾《けい》向《こう》にある

現在《げんざい》では、全国各地にｅスポーツを学ぶための学科やコースを設定《せってい》した専門《せんもん》学校があります。どの専門学校でも、ｅスポーツ関連のコースなどは人気が高く、募集《ぼしゅう》人数に対してとても多くの希望者が短時間のうちに集まっているようです。

専門学校の場合には、２年制《せい》コース、３年制コース、４年制コースなどがあり、費用《ひよう》も200万円から500万円を超《こ》えるものまでさまざまです。

また、大学でもｅスポーツ関連の学科やコースを開設するところが登場しはじめています。ただし、大学の場合には、ｅスポーツ選手になるための学びではなく、ゲーム制作に関するプログラミングを学ぶコースであったり、ゲームのデザインを学ぶことを目的としたコースであったりと、制作に関する学びを取り上げる大学が多いようです。

卒業=プロフェッショナル、ではない

学びたいテーマを、しっかりと学べる学校があることはありがたいことです。しかし、プロスポーツの世界は実力の世界であり、それはｅスポーツも同じです。たとえ専門《せんもん》学校でプロのｅスポーツ選手を目指して専門的に学び、優秀《ゆうしゅう》な成績《せいせき》で卒業したとしても、それによってプロ選手として収入《しゅうにゅう》を得《え》られるようになるわけではないということを理解《りかい》しておく必要があります。

卒業＝プロではない

学校を卒業したからといって、すぐにプロとして活躍《かつやく》できるわけではない。

第3章

eスポーツの未来

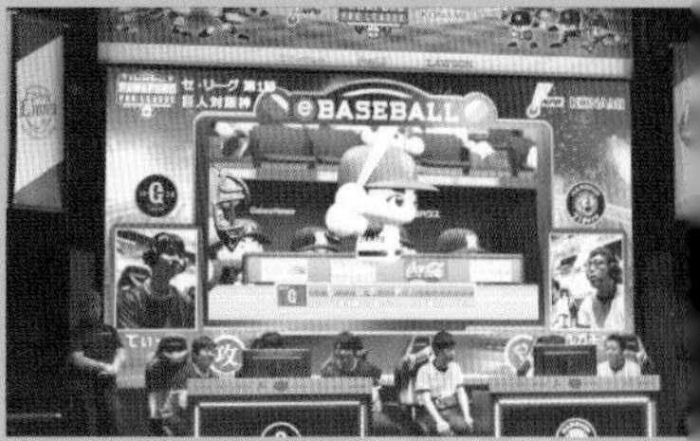

1 地《ち》域《いき》おこし・地方活《かっ》性《せい》化《か》とeスポーツ

日本はどんどん子どもが減《へ》っていく

日本は、少子高齢《こうれい》化《か》といって、子どもの生まれる数が少なくなっています。昔は１家庭に子どもが何人もいるのが当たり前でしたが、近年では、１家庭で１～２人程《てい》度《ど》となっています。また、結婚《けっこん》する男女の年齢も昔に比《くら》べて高くなっていたり、結婚しない男女が増《ふ》えてきたりしていることで、日本全体で子どもの生まれる数が減《へ》っているのです。

一方で、医療《いりょう》の発達により、日本の平均《へいきん》寿命《じゅみょう》はより長くなってきています。

その結果、お年《とし》寄《よ》りの人口割合《わりあい》が増える傾向《けいこう》にあるのです。これが少子高齢化です。

こうした少子高齢化の悪い影響《えいきょう》は、東《とう》京《きょう》・大阪《おおさか》といった都市部よりも、一部の地方のほうが深刻《しんこく》化《か》しつつあります。

若い人たちが、進学や就職《しゅうしょく》などをきっかけとして、どんどん都市部へ移《うつ》ってしまうことによって、地方からは、ますます若い人が少なくなってしまうのです。

日本は少子高齢《こうれい》化《か》が進んでいく

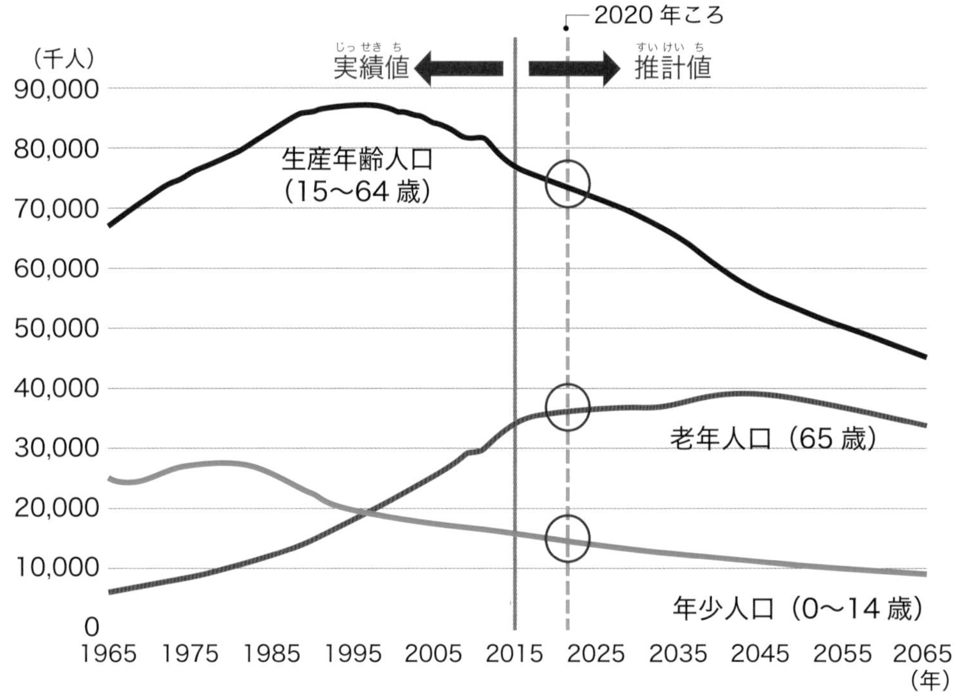

出典：日本の将来推計人口（平成 29 年推計）国立社会保障・人口問題研究所

2020 年前後では、年少人口と生産年齢《ねんれい》人口が減少《げんしょう》の傾向《けいこう》となっており、老年人口だけが増《ぞう》加《か》の傾向を示《しめ》している。

地域《ちいき》を元気にして、若者《わかもの》を集めろ！

このように、地方では人口の減少《げんしょう》が深刻《しんこく》な問題となっており、多くの市区町村などが人口を増《ふ》やすための取り組みをがんばっています。

家や土地を安く提供《ていきょう》することで移住《いじゅう》する人を増やそうとしたり、新しい産業などに取り組んで経済《けいざい》を活性化《かっせいか》させ、人の行き来を増やしたり、居住者《きょじゅうしゃ》を増やそうといった努力をしています。

こうした取り組みは、「地域《ちいき》おこし」、「地方創生《そうせい》」などと呼《よ》ばれ、その地域ごとの特色を生かして、人のにぎわいを取《と》り戻《もど》そうとがんばっているのです。

eスポーツが地域《ちいき》を元気にする

日本でも、eスポーツが注目されるようになってきたことで、地域《ちいき》おこしにeスポーツを活用しようという活動《かつどう》が見られるようになってきました。

そもそも、地方の問題は「若者《わかもの》が減《へ》っている」ことが大きいといわれています。そこで、若者に人気のあるeスポーツを活用することで、若者に集まってもらい、できれば（若い人たちに）住んでもらうことで、地域おこしにつなげようと考える自治体などが出てきているのです。

もちろん、地域おこし・地方創生《そうせい》という活動は、“今日、何かをやったから、明日には効果《こうか》が出る”というものではありません。ひとつイベントをやったら、それだけでまちがにぎわうわけではなく、長い時間をかけて、地道な努力が必要ですし、自治体・地域の住民など、多くの人が協力し合うことによって、少しずつ成果が出てくるものです。

そして、実際《じっさい》にeスポーツに注目して、イベントなどを開催《かいさい》して地道に努力し、若者を呼《よ》び込《こ》むことに成功している地域が着実に増《ふ》えつつあります。

県という大きな単位で成功しているケースや、市町村という単位で成果を出しているケースなど、取り組みの規模《きぼ》も、具体的な取り組み内容《ないよう》もさまざまなものがあります。

eスポーツイベントには若者が集まりやすい

2018年にスタートした『日本eスポーツリーグ』のオフラインの試合には多くのファンが集まる。

©2020 JESL

eスポーツで産業振興《しんこう》と魅力度《みりょくど》アップを

(1) 国体をきっかけにして、eスポーツで地域振興《ちいきしんこう》を !!

2019年の「いきいき茨城《いばらき》ゆめ国体」に合わせて、文化プログラムとしてのeスポーツ大会『全国都道府県対抗《たいこう》eスポーツ選手権《せんしゅけん》2019 IBARAKI』が開催《かいさい》されたことは、第1巻《かん》で説明しました。

このこと自体も、新しい取り組みですが、茨城県では、1回だけのイベントにしてしまうのではなく、茨城県自体の継続的《けいぞくてき》な取り組みとして、eスポーツを取り上げることになっています。その名も「いばらきeスポーツ産業創造《そうぞう》プロジェクト」です。

県内の企業《きぎょう》や、大学などの教育機関、行政《ぎょうせい》機関なども巻《ま》き込《こ》んで、eスポーツを普及《ふきゅう》させ、茨城県自体の魅力《みりょく》アップにつなげようとしています。

国体関連の全国イベントとしては初のeスポーツ大会（写真提供《ていきょう》：茨城県《いばらき》）

「eFootball ウイニングイレブン 2020」で熱戦が繰《く》り広《ひろ》げられた。

eFootball ウイニングイレブン 2020 ©konami Digital Entertainment

(2) 地元サッカーチームとの連携《れんけい》でイベントを開催《かいさい》

茨《いばら》城《き》県では、具体的な取り組みのひとつとして、水《み》戸《と》市などをホームタウンとするサッカーチーム「水戸ホーリーホック」が主催《しゅさい》する『水戸ホーリーホック e スポーツチャレンジカップ』の開催《かいさい》が企画《きかく》されるなど、地元のプロスポーツチームも巻《ま》き込《こ》んだ盛《も》り上《あ》がりを見せています。

(3) 産学官の連携《れんけい》で e スポーツを盛《も》り上《あ》げる

2019 年の国体後にできた「いばらき e スポーツ産業創造《そうぞう》プロジェクト推進《すいしん》協議会」は、地元企《き》業《ぎょう》や大学などの教育機関、さらに行政《ぎょうせい》機関などに参加してもらい、茨《いばら》城《き》県で e スポーツを通じた産業振興《しんこう》・地《ち》域《いき》振興を進めています。

まさに産学官の連携《れんけい》です。

推進協議会では、2020 年から『いばらき e スポーツアカデミー』というイベントを複数回開催《ふくすうかいかいさい》し、県内の企業関係者などを対象《たいしょう》として、e スポーツに関する理解促《りかいそく》進《しん》に努めています。企業関係者の関心も高く、茨城県の活性化が期待されています。

■eスポーツを通じた産業振興《しんこう》に取り組む茨《いばら》城《き》県（写真提供:茨城県）

e スポーツに対する企《き》業《ぎょう》の関心も高い。

ぷよぷよ e スポーツ ©SEGA

取り組みのきっかけや 規模《きぼ》はさまざま

eスポーツの人気が少しずつ高まってきたことで、eスポーツをきっかけとしてまちや地域《ちいき》に若者《わかもの》を呼《よ》び込《こ》み、活性化《かっせいか》しようと取り組む自治体などは今後も増《ふ》えていくことでしょう。

茨城《いばらき》県のように、県を挙げて取り組むというケースもあれば、千葉《ちば》県勝浦《かつうら》市のように地元の商店会などの協力を得《え》ながら、手作りで実施《じっし》するケースまで、eスポーツによる地域《ちいき》おこしの形は多種多様です。

eスポーツの特徴《とくちょう》は、オンラインでの接《せつ》続環境《ぞくかんきょう》があれば、だれでも、どこからでも参加できる、ということが挙げられます。

一般的《いっぱんてき》にイベントをやろうとすると、大人数を収容《しゅうよう》できる会場の確保《かくほ》からはじまって、準備《じゅんび》にとても手間ひまがかかるイメージがありますが、eスポーツのイベントなら、ちょっとした工夫《くふう》で、低予算でも実施が可能《かのう》です。

そうした手軽さが、地方でも取り組みやすい理由だといえるでしょう。

これからさらに、eスポーツの人気が高まれば、より多くの地域で、さまざまなタイプのeスポーツイベントが開催《かいさい》されるようになることでしょう。

■eスポーツで地域振興《ちいきしんこう》に取り組む地方都市が増《ふ》えている

eスポーツコミュニケーションズが主催《しゅさい》する『日本eスポーツリーグ』では、
日本各地でeスポーツチームを結成し、リーグ戦を展開《てんかい》することで、地域振興《ちいきしんこう》に貢献《こうけん》している。

©2020 JESL

ルールを守れないプレーヤーは、“プロ”になんてなれない!!

ｅスポーツの大元はビデオゲームです。元々は楽しむだけが目的で開発されたものですが、ビデオゲームの中の、あるゲームタイトルには、“競技性《きょうぎせい》”があることから、「ｅスポーツ」として世界中で大人気となり、プロ選手として活躍《かつやく》するプレーヤーも登場しはじめました。今では、あこがれの職業《しょくぎょう》として、“プロｅスポーツ選手”を挙げる小学生・中学生も増《ふ》えています。

しかし、その一方で、大元がゲームであることによる悪い面があることも事実です。たとえば、ゲーム依存症《いぞんしょう》といわれる病気になりやすいということも、その悪い面のひとつといえます。いわゆるゲーム依存症とは、“ゲームに夢中《むちゅう》になるあまり、日常生活に悪い影響《えいきょう》をおよぼす状態《じょうたい》になってしまっているのに、それでもゲームをやめられない”といった状況《じょうきょう》のことです。

親や学校の先生など大人は、「ゲームばかりで、ほかのことがおろそかになっている」と判断《はんだん》すれば、「ゲームばかりやっていてはいけません」と注意します。この時、その注意をきちんと聞いて、生活態度を改めることができるのであればよいのですが、注意されてもやめられないのだとしたら、そこには依存症の危険性《きけんせい》があるのだということになります。特に、ｅスポーツが社会的にも認《みと》められるようになると、ゲームのやり過ぎを注意された時に、「わたしはプロのｅスポーツ選手になるのが目標だから、ゲームをやるのは、大切な練習です」と言《い》い訳《わけ》をして、ゲームに夢中になってしまうことも問題です。

ｅスポーツであっても、プロの世界は厳《きび》しいものです。「やってはいけない」といわれている場面ではゲームをしない、といった基本的《きほんてき》なルールを守れないようでは、厳しいプロの世界では通用しないでしょうし、まず、プロになんてなれません。

ｅスポーツという新しい分野ができたことはすばらしいことで、その世界で活躍しているプロのｅスポーツ選手を見て、“自分もプロになりたい”とがんばることもとてもすばらしいことです。しかし、それによって学校の勉強がおろそかになったり、食事の時間や睡眠時間を削《けず》って、健康を害してまでゲームにのめり込《こ》んでしまうのはよくありません。周りの大人たちの注意をしっかりと受け止めて、守るべきルールを守ることは、とても大切なことなのです。

2　教育とeスポーツ

海外の“eスポーツ”教育の実態《じったい》

■ノルウェーでは、高校の正式科目になっている

アメリカやヨーロッパ諸国《しょこく》の中には、日本に比《くら》べると、eスポーツ先進国と呼《よ》ぶにふさわしい国がいくつもあります。

日本では、eスポーツとビデオゲームが“同じもの”として扱《あつか》われることが少なくありませんが、これまで見てきたように、eスポーツの先進国であるアメリカなどでは、eスポーツ自体が産業として成り立ってきていますし、新しいジャンルのスポーツとして定着しつつあります。

eスポーツと教育の関係性《かんけいせい》においても、eスポーツ先進国では、進んだ取り組みが多くあります。

たとえば、スウェーデン、ノルウェーといった北欧《ほくおう》の国では、公立学校の授業《じゅぎょう》科目として“eスポーツ”が採用《さいよう》されています。

ノルウェーのある公立高校（公立ガーネス高校）では、「eスポーツ教育」をカリキュラムに取り入れ、サッカーやハンドボールといった、もともとある科目と同じに、選《せん》択《たく》科目のひとつとして選べるようになっています。

eスポーツを選択すると、週5時間の授業を3年間、受けることになるそうです。

スウェーデンなど北欧の国にある高校で、eスポーツが積極的にカリキュラムに取り入れられる理由としては、「インターネットでのマナーを身に付けられる」、「スポーツマンシップを身に付けられる」、「チーム活動の中で社会性を育むことができる」といったことが理由だとされています。

また、欧米では日本以上にeスポーツ・リーグが盛《さか》んで、プロ選手やプロチームの活躍《かつやく》もめざましく、職業《しょくぎょう》として成り立っています。そこで、高校でもプロのeスポーツ選手を後押《あとお》しするような取り組みが盛んなようです。いってみれば、部活としての高校野球で好成績《こうせいせき》をおさめることで、プロ野球選手になる可能性《かのうせい》が高まる、ということと似ているようです。

■アメリカでは、“課外活動”としてのeスポーツは当たり前

2018年に、全米州立高校協会（NFHS）という団体《だんたい》が、eスポーツを公式スポーツ種目として認《みと》めました。これによって、アメリカの高校では、サッカー部や野球部などと同様に、eスポーツ部として課外活動ができるようになりました。現在《げんざい》アメリカの高校生にとっては、eスポーツのクラブ活動をすることは、ごく当たり前の選択肢《せんたくし》

のひとつになっているのです。

アメリカでは、高校生のeスポーツリーグなども盛《さか》んで、中には、成績優秀者《せいせきゆうしゅうしゃ》に奨《しょう》学金《がくきん》を出すものもあります。eスポーツが強い高校生には奨学金を与《あた》えて、大学進学を後押《あとお》しするのです。

今日では、全米で200校程度《ていど》の大学が、eスポーツ奨学金制度《せいど》を活用して、学生を受け入れています。

多くのアメリカの大学では、eスポーツのチームがあって、大きな大会などでは注目度も高いため、大学の知名度を高める効《こう》果《か》などもあるといわれています。しかし、そうした宣伝《せんでん》効果のためだけに、eスポーツを奨励《しょうれい》しているわけではありません。たとえば、ある大学では将来《しょうらい》のゲーム開発やIT関連のエンジニア育成につながるとして、eスポーツ選手として優《すぐ》れた学生に奨学金を出しているといいます。また、起業家育成にもつながるとして注目している大学もあるのです。

また、eスポーツの中には、チーム対戦をするゲームもあり、そうしたeスポーツの場合には、チームメンバーとの立ち回りや協力など、チームワークを学び実践《じっせん》できるという、コミュニケーション能力《のうりょく》につながるものとして、積極的に奨励し、奨学金を出している大学もあるようです。

海外では「eスポーツ教育」に積極的

中国の四川電影電視《しせんでんえいでんし》学院では、eスポーツの選択《せんたく》コースを開設《かいせつ》しており、多くの学生の人気を集めている。

■中国の大学も、eスポーツを取り入れている

中国も、eスポーツについての取り組みは、日本より進んでいます。2017年度に普通《ふつう》大学で新設《しんせつ》される予定だった専攻《せんこう》科目に「eスポーツ」がふくまれていたと、公的機関（中国教育部）が発表しました（今日では、専門学校や四年制《せい》大学などにeスポーツ学部などが設置《せっち》されています）。

日本における東京大学に匹敵《ひってき》する、中国最難関《さいなんかん》の名門大学・北京《ペキン》大学でも、コンピューターゲームの選択《せんたく》科目が開設され、授業《じゅぎょう》の中では、eスポーツ大会の試合会場を見学するようなプログラムも用意されているとのことです。

eスポーツが世界的に注目を集めるようになってきており、世界規模《きぼ》の大きな大会なども開催《かいさい》されていることを背景《はいけい》に、中国政府《せいふ》はeスポーツを正式に認《みと》めて、積極的な選手育成に取り組むようになってきたのです。

中国では、優秀《ゆうしゅう》なスポーツ選手は公務員《こうむいん》のような位置付けで、国からお金と教育を得《え》られる仕組みがあります。中国政府が、eスポーツを卓球《たっきゅう》やバレーボールなどと並《なら》ぶ、正式なスポーツ種目として認めたことによって、大学のカリキュラムなど教育分野でもeスポーツが取り上げられるようになったようです。

日本の教育とeスポーツ

■日本ではeスポーツ関連のコースをもつ専門《せんもん》学校が登場

日本でも専門《せんもん》学校などでeスポーツに関する教育を実施する機関が出はじめるようになっています。

2016年には、「東京アニメ・声優《せいゆう》専門学校（現《げん》・東京アニメ・声優＆eスポーツ専門学校）」にプロゲーマーを目指す専門コースが開設《かいせつ》され、日本初の専門的な学びの場として注目されました。

その後、2017年には「北海道ハイテクノロジー専門学校」が、さらに2018年には「OCA 大阪デザイン&IT専門学校」などが、相次いでeスポーツの専門コースを開設しています。

なお2020年6月現在《げんざい》、「東京アニメ・声優＆eスポーツ専門学校」では、スーパーテクノロジー科 スーパーe-sportsワールドの中に、「スーパープロゲーマー専攻《せんこう》（3年制《せい》）」、「イベントスタッフ専攻（3年制）」があり、かつパフォーミングアーツ科 e-sportsワールドの中に、「プロゲーマー専攻」、「動画配信専攻」、「ゲーム実況《じっきょう》＆キャスター専攻」といった専門のコースが用意されています。

今後も、eスポーツを専門的に学ぶことのできる専門学校などは増《ふ》えていくことでしょう。

■大学はもちろん、高校でもｅスポーツに取り組む学校が登場してきている

日本でも、ｅスポーツを学習カリキュラムとして正式に採用《さいよう》しようという動きが出はじめています。通信制《つうしんせい》の高校である「ルネサンス大阪高等学校」では、2018年4月に「ｅスポーツコース」を開講《かいこう》し、生徒を募集《ぼしゅう》するようになりました。

今日、ｅスポーツは若《わか》い人を中心に人気が高まっており、職業《しょくぎょう》としての“プロｅスポーツ選手”の人気も高まっています。そうした中で、今後ますます、ｅスポーツを正式にカリキュラムに取り入れることで、生徒募集につなげようとする高校などが増《ふ》えることでしょう。

また、正式なカリキュラムとして採用することは難《むずか》しくても、部活動として正式に認《みと》める動きは、多くの高校などで広がりつつあります。

大学についていえば、すでにｅスポーツに関するサークルはたくさんあります。

東京大学の「東京大学 LoL サークル」は、部員数が100名を超《こ》えており、2017年の「リーグ・オブ・レジェンド（LoL）」の学生サークルの大会で優勝《ゆうしゅう》し、その後の学生世界大会でも準優勝《じゅんゆうしょう》という成績《せいせき》をおさめています。

その他、早稲田《わせだ》大学、慶應義塾《けいおうぎじゅく》大学など、多くの大学にｅスポーツに関するサークルが存在《そんざい》し、活動しています。

■ついに、eスポーツを学べる高校も登場

ルネサンス大阪高等学校では、2018年から、ｅスポーツのコースが設定《せってい》されている。
(写真は実技指導風景《じつぎしどうふうけい》)

3 フィジカルスポーツとeスポーツの融《ゆう》合《ごう》

リアルのスポーツ界が、eスポーツに取り組みはじめた

日本野球機構《きこう》が共催《きょうさい》する『eBASEBALL プロリーグ』

日本のプロ野球をとりまとめている日本野球機構《きこう》（NPB）は、eスポーツのゲームタイトル「eBASEBALL パワフルプロ野球 2020」を使用した、eスポーツのプロ野球リーグである『eBASEBALL プロリーグ』を、ゲームタイトルの開発元であるコナミデジタルエンタテインメントとの共催《きょうさい》で実《じっ》施《し》しています。

2018年スタートした『eBASEBALL プロリーグ（当時は『eBASEBALL パワプロ・プロリーグ』）』は、実際《じっさい》のプロ野球をできるだけ忠実《ちゅうじつ》に再現《さいげん》するための工夫《くふう》が盛《も》りだくさんです。

参加者は、プロテスト（オンライン予選）を受けて、eドラフト会議を経《へ》て、チーム（球団《きゅうだん》）に所属《しょぞく》し、『eペナントレース』、『セ・パe交流戦』を戦い、『eクライマックスシリーズ』を経《へ》て、『e日本シリーズ』で日本一を争います。

2019シーズンの『SMBC e日本シリーズ』は、2020年1月下旬《げじゅん》に東京のesports 銀座《ぎんざ》 studioで開催されました。試合の様子は、会場での観覧《かんらん》はもちろん、パブリックビューイングや、ネットでの動画配信も実施され、動画配信の視聴者数《しちょうしゃすう》は100万人を超《こ》えたといわれています。

プロ野球リーグと同様に“日本シリーズ”まである

『eBASEBALL プロリーグ』は、セリーグ、パリーグのペナントレースから、クライマックスシリーズを経《へ》て、日本シリーズまで、プロ野球と同様に展開《てんかい》される。

FIFA（国際《こくさい》サッカー連盟《れんめい》）が eスポーツを通じてサッカーの魅力《みりょく》を伝える

“世界で最も人気があるスポーツ”といわれることもあるサッカー。そのサッカーの国際《こくさい》機関であるFIFA（国際サッカー連《れん》盟《めい》）では、2018年に『eワールドカップ』を開催《かいさい》しました。使用したゲームタイトルは「FIFA 18」で、予選の参加者は2,000万人を超《こ》えました。

ロンドンで開催されたグランドファイナルでは、世界中から予選を突破《とっぱ》してきた32名の選手が優勝《ゆうしょう》をかけて戦いました。

FIFAが主催で開催されるeスポーツの大会は『eワールドカップ』だけではありません。2019年には、『eクラブワールドカップ』も開催しています。

リアルスポーツも、eスポーツも楽しさは同じ

なぜ、リアルのスポーツ界が、eスポーツなのか？

小学生を対象《たいしょう》とした“あこがれの職業《しょくぎょう》”に関するアンケート調査《ちょうさ》（「小学生白書web版」学研教育総合研究所）で、2019年時点では、第1位がパティシエ(ケーキ屋さん)、第2位がYouTuberなどのネット配信者、そして第4位でやっとプロサッカー選手、第5位でプロ野球選手という順位でした。

これに対して、30年前の1989年の時には、第1位が保育士《ほいくし》・幼稚園教諭《ようちえんきょうゆ》、第2位がプロ野球選手、第3位、小・中・高校の先生というものでした。そして、第4位に一般《いっぱん》サラリーマン、第5位にプロ野球以外のスポーツ選手と続きます。

Jリーグが開幕《かいまく》したのは1993年のことですから、1989年のアンケートでは「プロサッカー選手」という職業はなかったことになりますが、それでも野球をはじめとして、プロスポーツ選手というのは、小学生にとってはあこがれの職業だったといえます。

けれども、22ページで取り上げたように、中学生のなりたい職業では、リアルのプロスポーツ選手はランクを下げてしまっているのに対して、「プロeスポーツ選手」が第2位に急上昇《きゅうじょうしょう》しています。

さらには、プロのスポーツ選手よりも、YouTuberのような職業が人気になっています。時代とともに、人気の職業も変わっていくのだということが、よくわかります。

このアンケートのように、以前ならプロ野球選手になりたい、プロサッカー選手になりたいと考えて、実際《じっさい》にそうしたスポーツに打《う》ち込《こ》んでプロを目指す人は少なくありませんでした。

しかし最近では、プロスポーツ選手を目指す人が減《へ》ってきており、それに伴《ともな》って、観戦者などのファンも減少傾向《げんしょうけいこう》にあるようです。

そうした状況《じょうきょう》を心配して、“若《わか》い人《ひと》たちに、もっとプロスポーツに興味《きょうみ》をもってほしい”と、プロ野球やプロサッカーの団体《だんたい》などが考えて、eスポーツに注目したのです。

もちろん、野球やサッカーに限《かぎ》ったことではありませんが、プロ選手になることはとても大変な努力が必要です。だれでもなれるわけではありません。しかし、サッカーに興味をもって、サッカー観戦を楽しむ、野球を好きになって、野球の試合を見て球場へ足を運ぶ、ということは、それほど難《むずか》しいことではありません。

そこで、“まずは、ビデオゲームでもいいから、野球（サッカー）の楽しさを知ってもらいたい”と考えた各競技《きょうぎ》団体が、eスポーツを活用して、ファンを増《ふ》やそうとしたのです。

距離《きょり》の壁《かべ》を たやすく越《こ》えるeスポーツ

2020年の1月ころから、日本でも新型コロナウイルスの感染《かんせん》が問題になり、この年の夏に予定されていた東京オリンピック・パラリンピックが延期《えんき》されるほどの事《じ》態《たい》に陥《おちい》りました。

大勢《おおぜい》の人が集まると感染が広がるという心配から、大勢の人が集まるイベントや各種の大会などが、中止または延期しなければならなくなったのです。

コロナ禍《か》は日本だけのことではなく、世界中に大きな被害《ひがい》をもたらしたので、東京オリンピック・パラリンピックだけでなく、アメリカのプロ野球・大リーグや、プロバスケットボール、プロテニスの試合なども次々と中止、あるいは延期となってしまいました。

そうした中で、世界的に有名なプロテニスプレーヤー同士がeスポーツで対戦し、その様子をネット配信したことが話題となりました。また、大リーグやプロバスケットボールなどでも、eスポーツでの試合を配信するなどの動きが活発になりました。

またeスポーツにおいても、外出自粛《じしゅく》がいわれる中で、大きなイベントなどが中止になりました。しかし、そうした中でも、国を移動《いどう》することなく、オンラインで海外の選手同士が対戦し、それが配信されるというイベントがあちこちで開催《かいさい》され、多くのeスポーツファンを熱狂《ねっきょう》させました。

リアルのスポーツでは、対戦相手は同じ場所にいる必要がありますが、eスポーツなら場所が離《はな》れていても対戦できます。まさに、デジタルの力で“距離《きょり》の壁《かべ》”をたやすく越《こ》えられるｅスポーツは、今後ますます注目度を高めていくことでしょう。

見る楽しみは、フィジカルなスポーツもeスポーツも同じ

ｅスポーツのすごいところは、離《はな》れた場所にいても対戦プレイができることです。その対戦を観戦すること自体は、フィジカルスポーツもｅスポーツも同じです。フィジカルスポーツの世界的な大会なら、テレビ中継《ちゅうけい》などによって、世界中どこにいても観戦できます。ｅスポーツもネット配信されれば、世界中どこからでも観戦することができます。

つまり、スポーツを見て楽しむという点でいえば、フィジカルなスポーツも、ｅスポーツも同じなのです。

これからは、ｅスポーツがきっかけとなって、フィジカルなスポーツに興味《きょうみ》をもつ、あるいはフィジカルなスポーツをきっかけとしてｅスポーツに興味をもつ、といった相互《そうご》の交流がますます増《ふ》えていくことでしょう。

■フィジカルスポーツとeスポーツが一緒《いっしょ》に発展《はってん》する時代は近い

さくいん

数字・アルファベット

あ

か

さ

た

な

ま

●監修

筧 誠一郎（かけひ せいいちろう）

1960年、東京生まれ。成城大学法学部卒業。eスポーツコミュニケーションズ株式会社会長、東京都eスポーツ連合会長、中央大学国際情報学部講師。
1983年、株式会社電通に入社。主に音楽・ゲームを中心としたエンタテインメント事業に従事。2006年にeスポーツの存在を知り、その魅力と可能性について全国の企業・大学・官公庁などで講演。2010年、電通を退社し、様々なeスポーツイベントやeスポーツ施設、eスポーツテレビ番組のプロデュースなどを行う。
著書に『eスポーツ論 ゲームが体育競技になる日』（ゴマブックス）、『eスポーツ地方創生 ～日本における発展のかたち～』（白夜書房）他。

●装丁

村口敬太（Linon）

●編集協力

図書印刷株式会社／有限会社オズプランニング

●本文デザイン・DTP・イラスト

有限会社オズプランニング

●写真提供

カバー・表紙　picture alliance/ アフロ
本扉　mounel/ PIXTA
本文　6ページ　picture alliance/ アフロ
8・25ページ　AP/ アフロ
7・27ページ　毎日新聞社 / アフロ
41・42ページ　読売新聞社 / アフロ
39・45ページ　アフロ

ISBN 978-4-7999-0388-9 NDC798.5 48p 293 × 215mm

eスポーツはじめて事典

3　これからのeスポーツ

2020年11月　初版第1刷発行
監　修　筧 誠一郎
発行者　水谷 泰三
発行所　株式会社**文溪堂**
〒112-8635　東京都文京区大塚3-16-12
TEL 営業　(03) 5976-1515　　編集　(03) 5976-1511
ホームページ　https://www.bunkei.co.jp
印刷・製本　図書印刷株式会社